Impressum
Verlag: BABADADA GmbH, Nedderfeld 112 , 22529 Hamburg
Geschäftsführer / Verlagsleitung: Harald Hof
Druck: Books on Demand GmbH, In de Tarpen 42, 22848 Norderstedt

Imprint
Publisher: BABADADA GmbH, Nedderfeld 112 , 22529 Hamburg, Germany
Managing Director / Publishing direction: Harald Hof
Print: Books on Demand GmbH, In de Tarpen 42, 22848 Norderstedt, Germany

AF189384

1

مدرسه

المدرسة

کلاس درس
القسم
تقسیم کردن
یقسم
186/2
تخته
اللوح
باحة المدرسة
معلم
المعلّم
کاغذ
ورقة
نوشتن
یکتب
خودکار
القلم
میز تحریر
طاولة المكتب
خط کش
المسطرة
کتاب
الكتاب
دانش آموز
التلميذ

مداد

....

قلم الرصاص

جامدادی

....

المقلمة

کیف مدرسه

....

الحقيبة المدرسية

دفتر رسم

....

دفتر الرسم

پاک کن

....

المِمحاة

تراش

....

البرّاية

2

جعبه ی آبرنگ
....
علبة التلوين

قلم مو
....
الفرشاة

طراحی
....
الرسمة

کتاب تمرین
....
دفتر التمارين

چسب
....
المادة اللاصقة

قیچی
....
المقص

جمع کردن
....
يجمع

رقم
....
الرقم

تکلیف خانه
....
الواجب المدرسي

محاسبه کردن
....
يحسب

ضرب کردن
....
يضرب

تفریق کردن
....
يطرح

hello

کلمه
....
كلمة

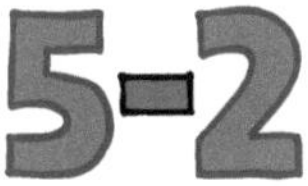

ABCDEFG
HIJKLMN
OPQRSTU
VWXYZ

الفبا
....
الأبجدية

A

حرف الفبا
....
الحرف

مَتْن

النص

خواندن

يقرأ

گَچ

الطبشور

درس

الحصة

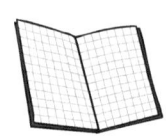

ثبت نام

دفتر الدوام المدرسي

امتحان

الامتحان

مدرک رسمی

شهادة

لباس مدرسه

اللباس المدرسي

تحصیلات

التعليم

دانشنامه

الموسوعة

دانشگاه

الجامعة

میکروسکوپ

المجهر

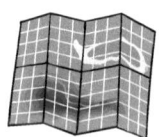

نقشه

الخريطة

سبد کاغذ باطله

قماما

هتل
فندق
مسافرخانه
بيت الشباب
صرافی
مكتب صرافة
چمدان
حقيبة
اتومبيل
سيارة

أکی

حسناً

بله / خير

نعم / لا

زبان

اللغة

ممنون

شكراً

مترجم

مترجم

سلام

مرحباً

مشکل
....
مشكلة

من متوجه نمی شوم
....
لا أفهم

قیمت ... چه قدر است؟
....
كم ثمن ... ؟

شب بخیر!
....
ليلة سعيدة

صبح بخیر!
....
صباح الخير!

عصر بخیر! / شب بخیر!
....
مساء الخير

بار سفر
....
أمتعة السفر

جهت
....
اتجاه

خدانگهدار
....
إلى اللقاء

مهمان
....
ضيف

کوله پشتی
....
حقيبة ظهر

کیف
....
حقيبة

خیمه
....
خيمة

کیسه خواب
....
كيس للنوم

اتاق
....
غرفة

مركز راهنماى گردشگران

استعلامات سياحية

ساحل

شاطئ

كارت اعتبارى

بطاقة ائتمان

صبحانه

إفطار

نهار

طعام الغداء

شام

العشاء

بليط

بطاقة سفر

آسانسور

مصعد

مهر

طابع بريدي

مرز

حدود

گمرک

الجمارك

سفارتخانه

سفارة

ويزا

تأشيرة

گذرنامه

جواز سفر

حمل و نقل

نقل

هواپیما
طائرة
کشتی
سفينة
ماشین آتش نشانی
سيارة إطفاء
اتوبوس
حافلة
کامیون
سيارة شاحنة
قایق موتوری
زورق آلي
دوچرخه
درّاجة
اتومبیل
سيارة

موتورسیکلت
....
دراجة نارية

قایق
....
قارب

کشتی مسافربری
....
عبارة

ماشین کرایه ای
....
سيارة مستأجرة

ماشین مسابقه
....
سيارة سباق

ماشین پلیس
....
سيارة شرطة

ماشین حمل زباله

سيارة نقل القمامة

جرثقیل

سيارة للجر

به اشتراک گذاری اتوموبیل

أسلوب تشاركي في استئجار السيارات

پمپ بنزین

محطة وقود

بنزین

وقود

موتور

محرك

ترافیک

ازدحام سير

عبور و مرور

حركة السير

تابلو راهنمایی و رانندگی

إشارة مرور

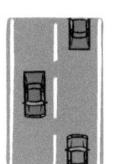

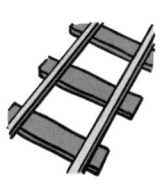

ریل راه آهن

سكك حديدية

ایستگاه قطار

محطة قطار

پارکینگ

موقف سيارات

واگن

عربة قطار

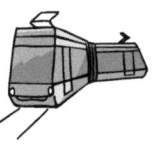

قطار برقی

ترام

قطار

قطار

برج

برج

فرودگاه

مطار

هليكوپتر

طائرة مروحية

كارتن

علبة كرتون

كانتينر

حاوية

مسافر

مسافر

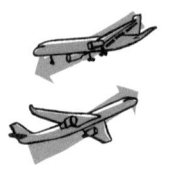

به پرواز درآمدن / فرود آمدن

يقلع / يهبط

سبد

سلة

گارى

عربة يد

شهر
مدينة

خانه

بيت

مركز شهر

مركز المدينة

دهكده

قرية

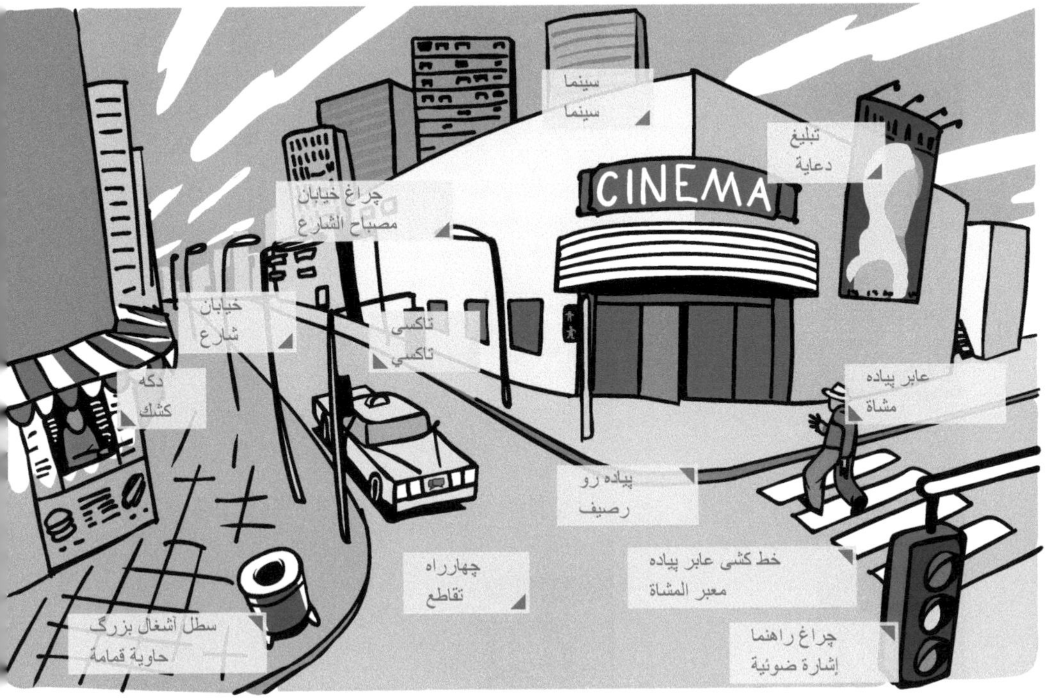

سینما
سينما
تبلیغ
دعاية
چراغ خیابان
مصباح الشارع
خیابان
شارع
تاکسی
تاكسي
دکه
كشك
عابر پیاده
مشاة
پیاده رو
رصيف
چهارراه
تقاطع
خط کشی عابر پیاده
معبر المشاة
سطل آشغال بزرگ
حاوية قمامة
چراغ راهنما
إشارة ضوئية
CINEMA

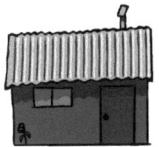

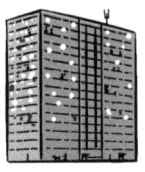

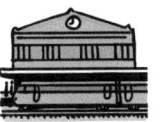

ایستگاه قطار

محطة قطار

آپارتمان

شقة

کلبه

كوخ

مدرسه

المدرسة

MUSEUM

موزه

متحف

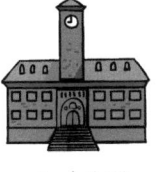

ساختمان شهرداری

دار البلدية

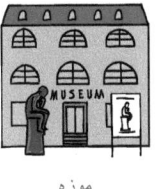

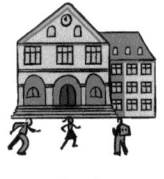

بیمارستان

المستشفى

بانک

مصرف

دانشگاه

الجامعة

اداره

مكتب

داروخانه

صيدلية

هتل

فندق

گل فروشی

محل لبيع الزهور

مغازه

متجر

کتابفروشی

مكتبة

فروشگاه بزرگ

متجر كبير

بازار

سوق

سوپرمارکت

سوبرماركت

بندر

ميناء

مرکز خرید

مركز تسوّق

ماهی فروش

تاجر السمك

پل

جسر

نیمکت

مقعد

پارک

حديقة عامة

تونل

نفق

مترو

مترو

پله

درج، سلم

رستوران

مطعم

میخانه

بار

ایستگاه اتوبوس

موقف حافلات

دستگاه پارکومتر

مقياس زمن الوقوف

تابلوی خیابان

لافتة باسم الشارع

صندوق پست

صندوق البريد

مسجد

مسجد

استخر شنای عمومی

مسبح

باغ وحش

حديقة حيوانات

قبرستان

مقبرة

آلودگی محیط زیست

تلوث البیئة

مزرعه

مزرعة

معبد

معبد

زمین بازی

ملعب الأطفال

کلیسا

كنيسة

چشم انداز

طبیعة ریفیة

برگ
ورقة
تابلوی راهنمای مسیر
علامة إرشاد
راه
طريق
چمنزار
مرج
سنگ
حجر
درخت
شجرة
راه نورد
رحالة
رودخانه
نهر
چمن
عشب
گل
زهرة

دریاچه
....
بحيرة

تپه
....
جبل

دره
....
وادٍ

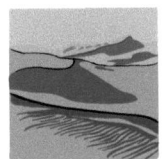

کوه آتشفشان
....
بركان

بیابان
....
صحراء

جنگل
....
غابة

قارچ
....
فِطر

رنگین کمان
....
قوس قزح

قلعه
....
قلعة

مگس
....
ذبّانة

پشه
....
بعوض

درخت نخل
....
نخلة

عنکبوت
....
عنكبوت

زنبور
....
نحلة

مورچه
....
نملة

سنجاب
....
سنجاب

قورباغه
....
ضفدعة

سوسک
....
خنفساء

جغد
....
بومة

خرگوش صحرایی
....
أرنب

جوجه تیغی
....
قنفذ

گراز
....
خنزير برّي

قو
....
بجعة

پرنده
....
عصفور

سد آب
....
سد

گوزن شمالی
....
إلكة

گوزن نر
....
غزال

آب و هوا
....
مناخ

صفحه ی خورشیدی
....
خلية شمسية

توربین بادی
....
دولاب الطاحونة الهوائية

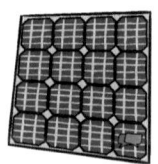

رستوران

مطعم

نادل
منوی غذا
لائحة الطعام
صندلی
كرسي
سوپ
حساء
پیتزا
بيتزا
سرویس کارد و قاشق و چنگال
أدوات المائدة
رومیزی
غطاء المائدة

دسر

حلوى أو فاكهة بعد الطعام

غذای اصلی

الصحن الرئيسي

پیش‌غذا

مقبلات

بطری

زجاجة

غذا

طعام

نوشیدنی ها

مشروبات

قوری

إبريق الشاي

اغذیه خیابانی

طعام الشارع

فست فود

وجبات سريعة

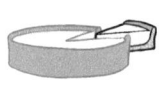

دستگاه اسپرسو

آلة الإسبريسو

پُرس غذا

حصّة

قندان

علبة السكر

سینی

صينية

صورتحساب

فاتورة

صندلی پایه بلند غذاخوری بچه

كرسي عالٍ

قاشق

ملعقة

چنگال

شوكة

چاقو

سكين

لیوان

كأس

دستمال سفره

منديل المائدة

قاشق چایخوری

ملعقة الشاي

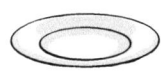

نعلبکی
....
صحن الفنجان

بشقاب سوپخوری
....
صحن الحساء

بشقاب
....
صحن

فلفل ساب
....
مطحنة الفلفل

نمکدان
....
مملحة

سس
....
صلصة

ادویه جات
....
توابل

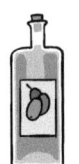

روغن خوراکی
....
زيت الطعام

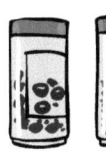

سرکه
....
خلّ

سس مایونز
....
مايونيز

سس خردل
....
خردل

سس کچاپ
....
كتشاب

سوپرمارکت

سوبرماركت

پیشنهاد ویژه
عرض خاص
FOR
مشتری
زبون
لبنیات
مشتقات الحليب
میوه جات
فواكه
چرخ دستی خرید
عربة تسوّق

قصابی

جزّار

نانوایی

مخبز

وزن کردن

يزن

سبزیجات

خضار

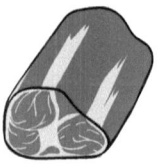

گوشت

لحم

غذای منجمد

المأكولات المجمّدة

پودر لباسشویی

مسحوق الغسيل

غذای کنسروی

معلّبات

مخلوطی از انواع کالباس یا پنیر که ورقه ای بریده شده باشند

مرتدلا أو جبن

ماده شوینده و پاک کننده

منظّفات

لوازم خانگی

المواد المنزلية

شیرینی جات

حلويات

صندوقدار

أمين صندوق

صندوق پرداخت

صندوق الحساب

فروشنده

بائعة

کیف پول

محفظة النقود

ساعات کار

أوقات العمل

لیست خرید

قائمة المشتريات

کیسه ی پلاستیکی

كيس بلاستيكي

کیف

حقيبة

کارت اعتباری

بطاقة ائتمان

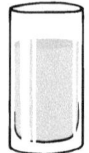

نوشیدنی ها
مشروبات

شیر

حليب

آبمیوه

عصير

آب

ماء

آبجو

بيرة

شراب

نبيذ

نوشابه کوکاکولا

كولا

چای

شاي

کاکائو

كاكاو

الکل

كحول

کاپوچینو

كابوتشينو

قهوه اسپرسو

قهوة إسبريسو

قهوه

قهوة

غذا

طعام

پرتقال

....

برتقال

سیب

....

تفاح

موز

....

موزة

هویج

....

جزرة

لیمو

....

ليمون

انواع هندوانه و خربزه

....

بطيخ

پیاز

....

بصل

نِی بامبو

....

خيزران

سیر

....

ثوم

ماکارونی

....

شعيرية

آجیل

....

لوزيات

قارچ

....

فِطر

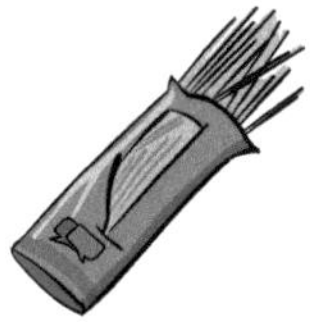

سالاد

سلطة

برنج

أرزّ

اسپاگتی

سباغيتي

پیتزا

بيتزا

سیب زمینی سرخ شده

بطاطا مقلية

سیب زمینی سرخ کرده

بطاطا مقلية

شنیتسل

شريحة لحم مقلية

ساندویچ

ساندويش

همبرگر

هامبورغر

سوسیس

سجق

سالامی

سلامي

ژامبون خوک

لحم خنزير

ماهی

سمك

نوعی گوشت سرخ شده

لحم محمر

مرغ

دجاج

کورن‌فلکس

....

کورن فلکس

نوعی صبحانه مخلوطی از برگه ذرت و میوه های خشک شده و خشکبار که معمولا با شیر خورده می شود

....

موسلي

جوی پرک شده

....

دقيق الشوفان

نان بروتشن

....

خبز صغير

کرواسان

....

كرواسان

آرد

....

طحين

بیسکویت

....

بسكويت

نان تست

....

خبز محمص

نان

....

خبز

کیک

....

كعكة

کشک

....

لبن زبادي

کره

....

زبدة

پنیر

....

جبنة

تخم مرغ نیمرو

....

بيض مقلي

تخم مرغ

....

بيضة

عسل

عسل

شکر

سكّر

بستنی

مثلجات

ادویه کاری

الكاري

کرم شکلاتی بادامی

كريم النوغا

مربا

مربّى الفاكهة

مزرعه

مزرعة

خانه ی مزرعه داران
بیت الفلاح
انبار غله
مخزن غلال
رزمة من التبن
مزرعه
حقل
اسب
حصان
ماشین یدک کش
مقطورة
کره اسب
مهر
تراکتور
جرار
خر
حمار
گوسفند
خروف
بره
خروف

بز
....
ماعز

گاو ماده
....
بقرة

گوساله
....
عجل

خوک
....
خنزير

بچه خوک
....
خنزير صغير

گاو نر
....
ثور

جوجه

....

صوص

اردک

....

بطة

غاز

....

إوزّة

موش صحرایی

....

جرذ

خروس

....

ديك

مرغ

....

دجاجة

گاو نر اخته

....

ثور

موش

....

فأر

گربه

....

قطة

شلنگ باغبانی

....

خرطوم الحديقة

لانه ی سگ

....

كوخ الكلب

سگ

....

كلب

گاوآهن

....

المحراث

داس دسته بلند

....

منجل

آبپاش

....

إبريق

چنگک باغبانی
....
مذراة الزبل

کج بیل
....
معزقة

داس
....
منجل

آبشخور
....
معلف

فرقون
....
عربة يد

تبر
....
بلطة

حصار
....
سياج

کیسه
....
كيس

بطری نگهداری شیر
....
صفيحة الحليب

خاک
....
تربة

گلخانه
....
دفيئة

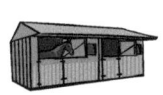

اصطبل
....
اصطبل

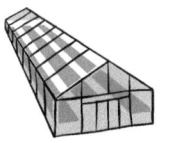

ماشین کمباین
....
حصّادة درّاسة

کود
....
سماد

بذر
....
بذور

تمیس

بطاطا یامس

محصول

محصول

برداشت کردن محصول

يحصد

سیب زمینی

بطاطا

سویا

صويا

گندم

قمح

درخت میوه

شجرة فاكهة

کلزا

سلجم

ذرت

ذرة

غلات

الحبوب

گیاه مانیوک

نبات منيهوت

خانه
بيت

دودکش
مدخنة
پشت بام
سقف
ناودان
مزراب
پنجره
نافذة
گاراژ
مرآب
زنگ در
جرس الباب
در
باب
سطل آشغال
قماما
صندوق مراسلات
صندوق البريد
باغ
حديقة

آشپزخانه
....
مطبخ

حمام
....
الحمّام

اتاق نشيمن
....
غرفة جلوس

ناهارخوری
....
غرفة الطعام

اتاق بچه
....
غرفة الأطفال

اتاق خواب
....
غرفة النوم

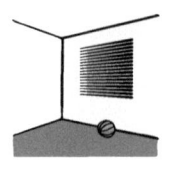

سقف

سقف

دیوار

حائط

کف زمین

أرضية

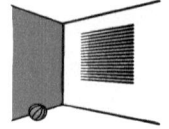

بالکن

بلكون

سونا

ساونا

زیرزمین

قبو

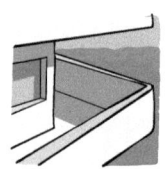

ماشین چمن‌زنی

جزّازة العشب

استخر

مسبح

تراس

شرفة

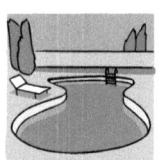

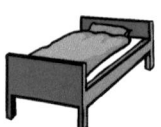

تخت خواب

سرير

روتختی

بطانية

ملافه

بياضات السرير

سویچ یا کلید

مفتاح كهربائي

سطل

سطل

جارو

مكنسة

اتاق نشیمن

غرفة جلوس

کاغذ دیواری
ورق جدران
عکس
صورة
لامپ
مصباح كهربائي
قفسه
رف
كابينت
خزانة
تلویزیون
تلفزيون
شومینه
موقد مفتوح
گل
زهرة
کوسن
وسادة
کاناپه
كنبة
گلدان
مزهرية
کنترل تلویزیون و ويدئو و غیره
تحكم عن بعد

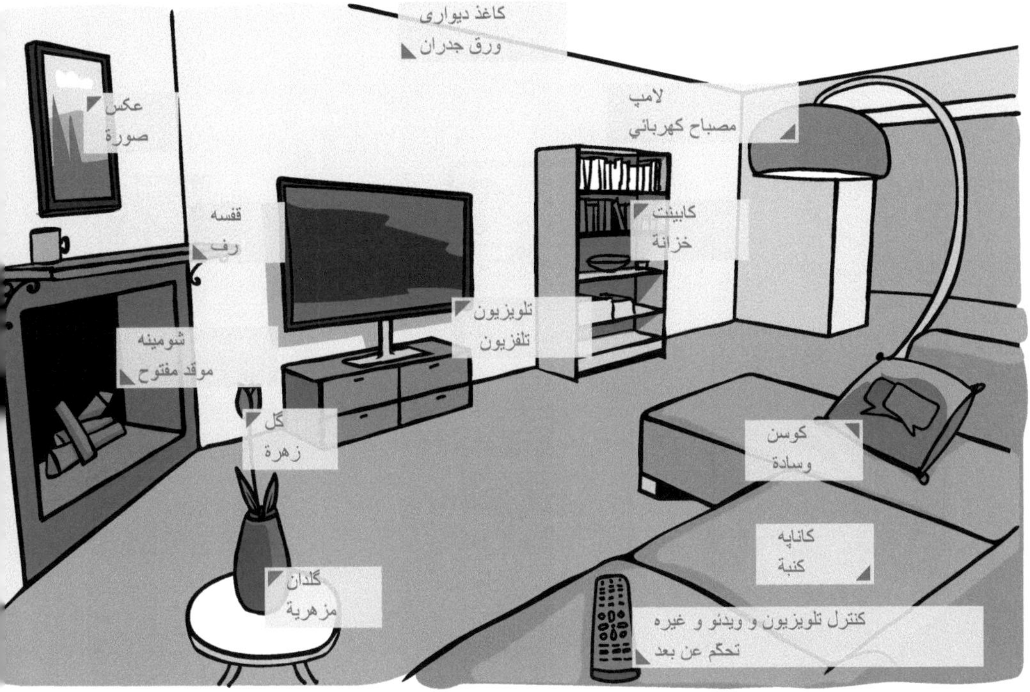

میز

طاولة

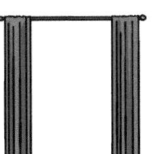

پرده

ستارة

فرش

بصاط

صندلی راحتی

كرسي ذو ذراعين

صندلی گهواره ایی

كرسي هزّاز

صندلی

كرسي

دکوراسیون
....
زخرفة

لحاف
....
بطانية

کتاب
....
الكتاب

دستگاه ضبط صوت
....
تجهيزات ستيريو

فیلم
....
فيلم

هیزم
....
الحطب

تابلو نقاشی
....
لوحة مرسومة

روزنامه
....
جريدة

کلید
....
مفتاح

دفترچه یادداشت
....
دفتر ملاحظات

رادیو
....
راديو

پوستر
....
مُلصق

شمع
....
شمعة

کاکتوس
....
صبّار

جاروبرقی
....
المكنسة الكهربائية

آشپزخانه

مطبخ

ماکروویو
میکروویف
یخچال
برّاد
میزان المطبخ
تُستر
محمصة الخبز
ماده شوینده و پاک کننده
منظفات
فر خوراک پزی
فرن
جایخی
ثلاجة
سطل آشغال
قماما
ماشین ظرفشویی
جلّاية

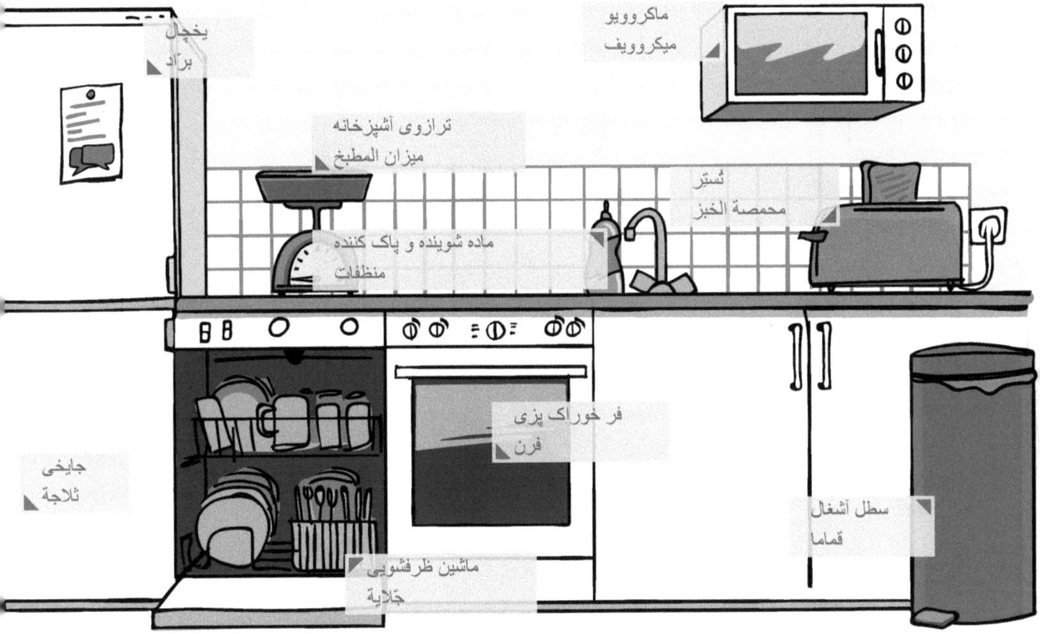

اجاق گاز

موقد

قابلمه

قِدر

قابلمه چدنی

وعاء من الحديد

ماهی تابه گود

قدر صيني

ماهی تابه

مقلاة

کتری

غلاية

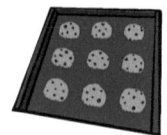

ظرف چینی آشپزخانه

أواني

سینی فر

صينية

بخارپز

قدر البخار

چاپستیک

عيدان الأكل

کاسه

صحن

لیوان

فنجان

همزن

خفاقة

کفگیر

ملعقة منبسطة

ملاقه

مغرفة

رنده

مبشرة

آبکش

مصفاة

آبکش

مصفاة

محل مخصوص افروختن آتش

موقد

باربیکیو

شواء

هاون

هاون

تخته گوشت و سبزی

لوح التقطيع

وردنه

نشّابة

در بطری بازکن

مفتاح الزجاجات

قوطی

علبة

در قوطی بازکن

مفتاح العلب المعدنية

دستگیره پارچه ای

قماش الفرن

سینک ظرفشویی

مجلى

برس گردگیری

فرشاة

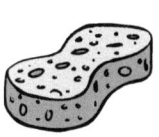

اسفنج

إسفنج

مخلوط کن

خلاط

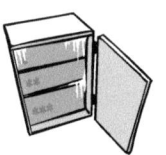

فریزر

مجمّدة

شیشه شیر بچه

زجاجة الطفل

شیر آب

صنبور الماء

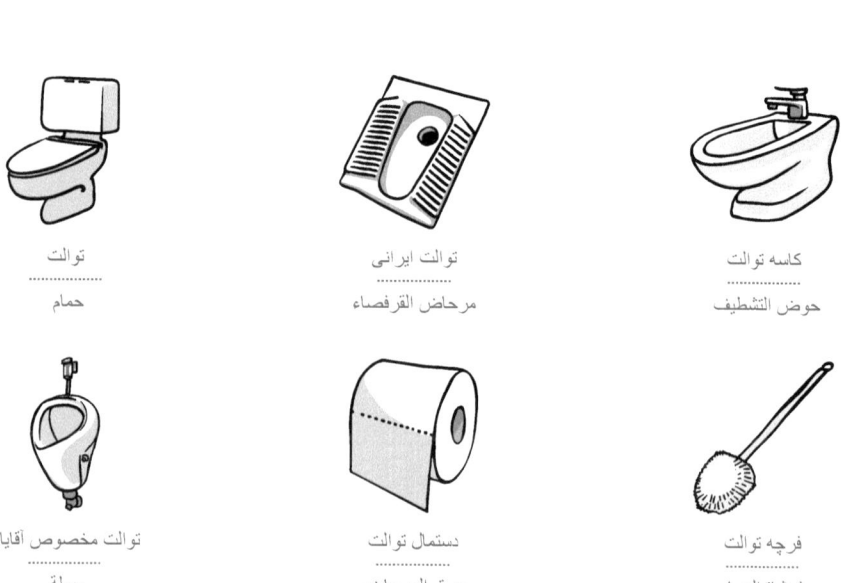

حمام
الحمّام

بخاری
تدفئة
حوله
منشفة
دوش
دوش
پرده ی حمام
ستارة الدوش
حمام کف
حمام رغوة
وان حمام
لیوان
کاس
ماشین لباسشویی
غسالة
شیر آب
صنبور الماء
کاشی
بلاط
لگن دستشویی کودکان
قفازات مطاطیة
سینک ظرفشویی
مجلی

توالت
....
حمام

توالت ایرانی
....
مرحاض القرفصاء

کاسه توالت
....
حوض التشطیف

توالت مخصوص آقایان
....
مبولة

دستمال توالت
....
ورق المرحاض

فرچه توالت
....
فرشاة الحمام

38 الحمّام - حمام

نخ دندان

خيط حرير لتنظيف الأسنان

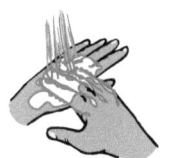

خمیردندان

معجون الأسنان

مسواک

فرشاة الأسنان

شلنگ توالت

شطاف

دوش آب تلفنی

رشاش ماء يدوي

شستن

يغسل

صابون

صابون

برس شست و شوی پشت

فرشاة الظهر

لگن روشویی

حوض الغسيل

لیف حمام

ممسحة

شامپو

شامبو

شامپو بدن

جيل الدوش

اسپری دئودورانت

مزيل الروائح

کرم

مرهم

راه آب

مصرف للماء

تیغ ریش تراشی

موس حلاقة

آیینه ی کوچک دستی

مرآة يد

آیینه

مرآة

شانه ی سر

مشط

افترشیو

كولونيا

کف ریش‌تراشی

رغوة الحلاقة

اسپری مو

مثبت للشعر

سشوار

سشوار

برس

فرشاة

لاک ناخن

طلاء أظافر

رژلب

روج

آرایش

ماكياج

عطر

عطر

قیچی ناخن

مقص أظافر

پنبه

قطن

ترازو

....

ميزان

چهارپایه

....

مقعد صغير

کیف لوازم آرایشی و بهداشتی

....

سلّة الغسيل

تامپون

....

سدادة قطنية

دستکش ظرفشویی

....

قفازات مطاطية

حوله ی پالتویی

....

معطف الحمام

توالت سیار

....

تواليت كيميائية

نوار بهداشتی

....

منشفة صحية

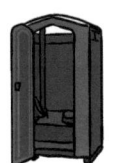

اتاق بچه

غرفة الأطفال

ساعت زنگدار
منبّه
نوعی عروسک نرم به شکل حیوانات
الحیوانات المحنطة
ماشین اسباب بازی
سيارة لعبة
جغجغه
خشخشة
خانه ی عروسکی
بيت الدمى
کادو
هدية

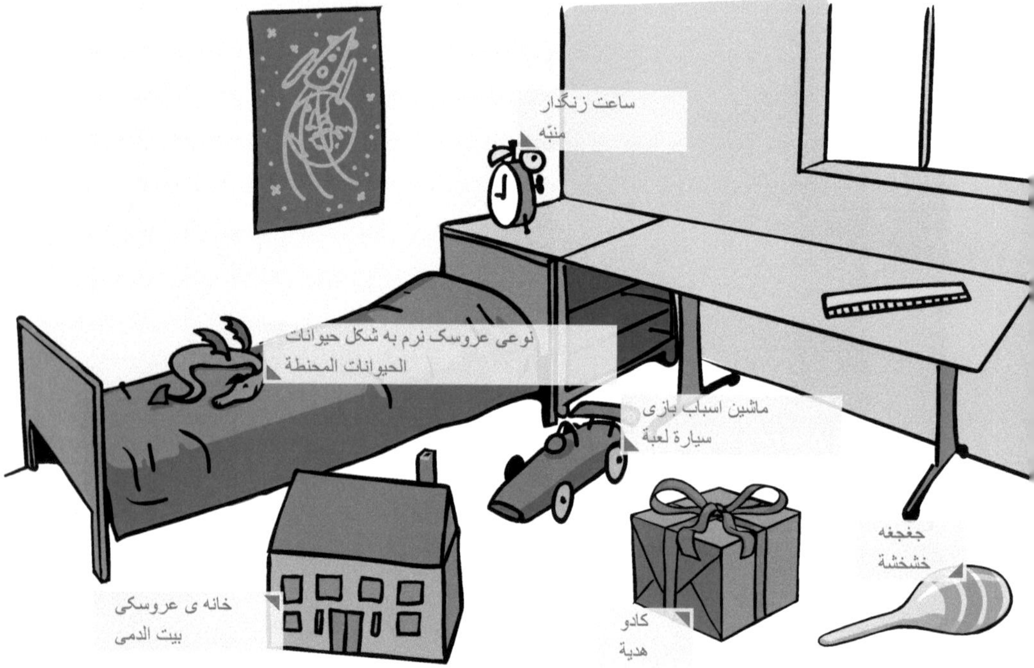

بادکنک

بالون

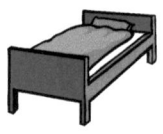

تخت خواب

سرير

کالسکه بچه

عربة الأطفال

بازی ورق

لعبة الورق

پازل

أحجية

داستان مصور

رسوم هزلية

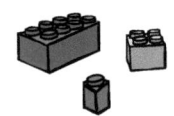

عروسک شخصیت های فیلم و کارتون

....

دمية بطل

خانه سازی

....

حجارة تركيب

اسباب بازی لگو

....

أحجار الليغو

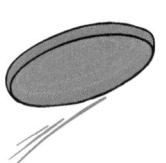

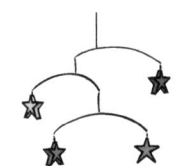

نوعی اسباب بازی که روی تخت نوزاد یا کودک نصب می شود

....

دمية معلّقة

فریزبی

....

فريسبي

لباس نوزاد

....

لباس الطفل

قطار اسباب بازی

....

لعبة قطار

تاس

....

لعبة النرد

بازی روی صفحه

....

لعبة الطاولة

کتاب مصور

....

كتاب مصوّر

مهمانی

....

حفلة

پستانک

....

مصّاصة

بازی کردن

....

يلعب

عروسک

....

دمية

توپ

....

كرة

اسباب بازی

لعبة

تاب

أرجوحة

جعبه شنی مخصوص بازی کودکان

ملعب رملي للأطفال

خرس عروسکی

دمية على شكل الدب

سه چرخه

دراجة ثلاثية

کنسول بازی های کامپیوتری

ألعاب فيديو

کمد لباس

خزانة الثياب

لباس

ثياب

جوراب شلواری

جورب بنطلون

جوراب زنانه ساق بلند

جوارب طويلة

جوراب

جوارب قصيرة

تی شرت
تي شيرت

چتر
شمسية

شال
شال

کمربند
حزام

دمپایی
شبشب

پوتین
حذاء شتوي

کفش ورزشی کتانی
أحذية رياضية

چکمه پلاستیکی
....
جزمة كاوتشوك

کفش
....
حذاء

صندل
....
صندل

جلیقه
....
قميص داخلي

سوتین
....
صدّارة

شرت
....
سروال داخلي

جین

جينز

شلوار

بنطلون

بادی

لباس ملاصق للجسم

پیراهن

قميص

بلوز

بلوزة

دامن

تنورة

نوعی کت

سترة فضفاضة

سویی شرت

كنزة كم طويل

پولیور

سترة قطنية

بارانی

معطف مطري

کت بلند

معطف

ژاکت

سترة

لباس عروس

ثوب الزفاف

لباس

ثوب

لباس نمایش

زي - طقم نسائي

پیژامه

بیجاما

لباس خواب زنانه

قميص نوم

کت و شلوار

طقم

عمامه

عمامة

روسری

حجاب

ساری

ساري

عبا

عباءة

قبا

قفطان

برقع

برقع

شلوارک

شرت

شرت شنا

سروال سباحة

لباس شنا

مايوه

دستکش

قفازات

پیشبند

مئزر

لباس ورزشی

بدلة رياضية

دستبند
....
إسوارة

عینک
....
نظارة

دکمه
....
زر

گوشواره
....
قرط

انگشتر
....
خاتم

گردنبند
....
عقد

کلاه
....
قبّعة

چوب لباسی
....
علاقة ثیاب

کلاه لبه دار
....
طاقيّة

کلاه ایمنی
....
خوذة

زیپ
....
سحّاب

کراوات
....
ربطة العنق

لباس فرم
....
زي موحّد

لباس مدرسه
....
اللباس المدرسي

بند شلوار
....
حمّالة البنطلون

پوشک بچه

لفافة

پستانک

مصّاصة

پیش بند بچه

مريلة الأطفال

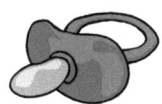

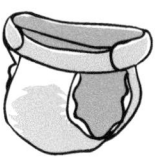

اداره

مکتب

سرور
المخدم
کمد نگهداری پرونده
خزانة الملقات
چاپگر
طابعة
کاغذ
ورقة
مانیتور
شاشة
میز تحریر
طاولة المكتب
ماوس
فارة
زونکن
ملف
صفحه کلید
لوحة المفاتيح
صندلی
كرسي
سبد کاغذ باطله
قماما
کامپیوتر
حاسوب

اینترنت

الإنترنت

ماشین حساب

الآلة الحاسبة

لیوان قهوه

كأس من القهوة

پیغام

....

خبر

نامه

....

رسالة

لپ تاپ

....

الحاسوب المحمول

دستگاه فتوکپی

....

جهاز تصوير

شبکه ی ارتباطی

....

شبكة

تلفن همراه

....

الهاتف المحمول

پریز

....

مقبس كهربائي

تلفن

....

هاتف

نرم افزار

....

البرمجيات

مدرک

....

وثيقة

فرم

....

استمارة

دستگاه فاکس

....

فاكس

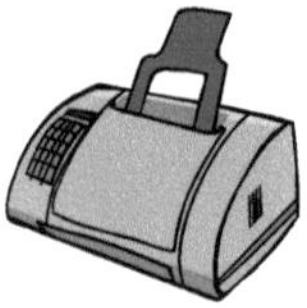

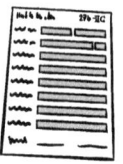

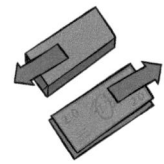

اقتصاد

اقتصاد

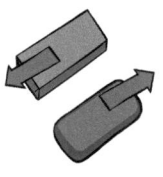

تجارت کردن

يتاجر

پرداخت کردن

يدفع

خریدن

يشتري

یورو

يورو

دلار

دولار

پول

مال

فرانک سوئیس

فرنك سويسري

روبل

روبل

ین

ين

دستگاه خودپرداز

صرّاف آلي

روپیه

روبية

یوان رنمینبی

يوان

نقره

فضة

طلا

ذهب

صرافی

مکتب صرافة

قیمت

سعر

انرژی

طاقة

نفت

نفط

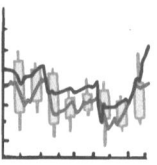

سهام سرمایه

سهم

مالیات

ضريبة

قرارداد

عقد

کارفرما

رب العمل

کارمند

موظف

کار کردن

يعمل

مغازه

متجر

کارخانه

مصنع

مشاغل

المِهَن

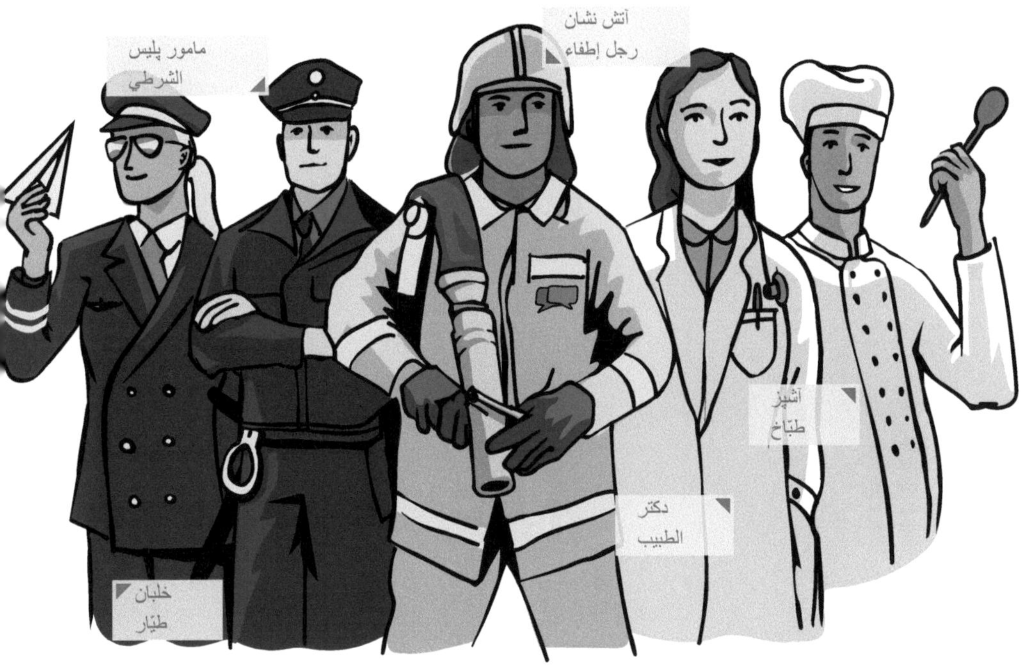

مامور پلیس
الشرطي
آتش نشان
رجل إطفاء
آشپز
طبّاخ
دکتر
الطبيب
خلبان
طيّار

خیاط زنانه
....
خيّاطة

نجار
....
نجّار

باغبان
....
بستاني

بازیگر
....
ممثل

شیمیدان
....
كيميائي

قاضی
....
قاضٍ

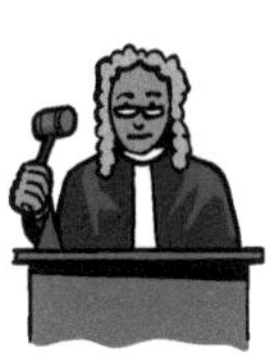

ماهیگیر

صياد سمك

راننده تاکسی

سائق تاكسي

راننده اتوبوس

سائق حافلة

پیشخدمت رستوران

نادل

سقف ساز

بنّاء سقف

نظافتچی زن

أجيرة للتنظيف

نانوا

خباز

نقاش

رسّام

شکارچی

صيّاد

مهندس

مهندس

کارگر ساختمانی

عامل بناء

برقکار

كهربائي

پستچی

ساعي البريد

لوله کش

سمكري

قصاب

لحّام

صندوقدار

أمين صندوق

معمار

مهندس معماري

سرباز

جندي

مامور کنترل بلیط در قطار

مراقب القطار

آرایشگر

حلاق

گل فروش

بائع الزهور

دندانپزشک

طبيب أسنان

ناخدا

قبطان

مکانیک

ميكانيكي

امام

إمام

عالم یهودی

حاخام

دانشمند

رجل العلم

کشیش

كاهن

راهب

راهب

ابزارآلات

عدة عمل

انبردست
كمّاشة
چكش
مطرقة
پيچ گوشتى
مفك البراغي
آچار
مفتاح ربط
چراغ قوه
مصباح يد

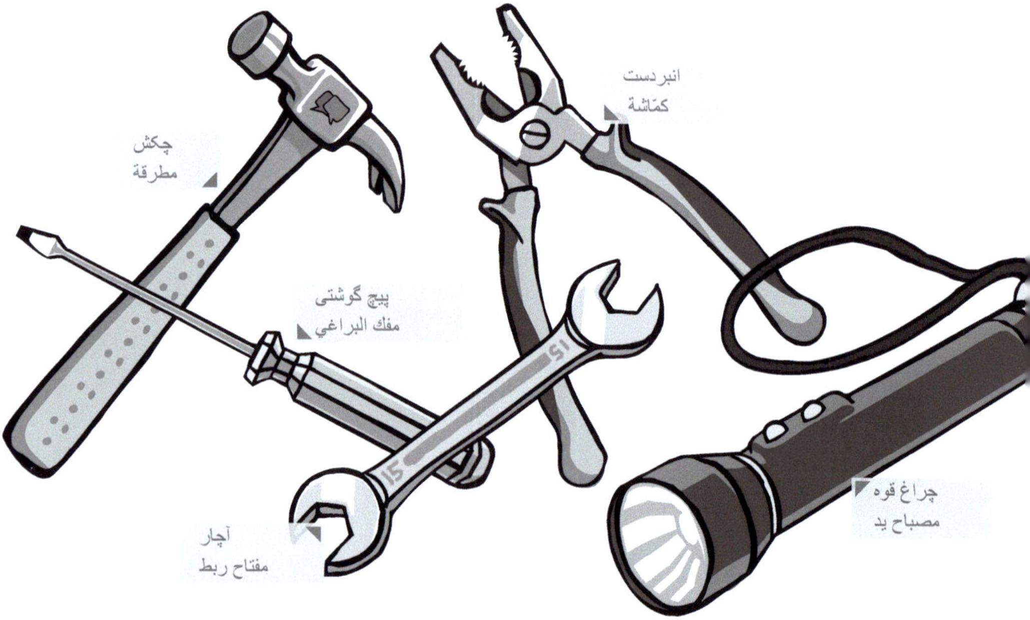

بيل مكانيكى

جرافة

جعبه ابزار

صندوق العدة

نردبان

سلّم

ارّه

منشار

ميخ

مسامير

مته

مثقب

لعنتی!
....
اللعنة

بیل
....
مجرفة

تعمیر کردن
....
يصلح

پیچ
....
براغي

سطل رنگرزی
....
سطل الألوان

خاک انداز
....
لقاطة الكناسة

آلات موسیقی

آلات موسيقية

بلندگو
مكبر الصوت
درامز
آلات الإيقاع
گیتار
غيتار
ترومپت
بوق
کنترباس
كمان أجهر

گیتار بیس

جهير

ویولن

كمنجة

پیانو

بيانو

کیبورد الکتریک

بيانو كهربائي

طبل

طبل

تیمپانی

طبل كبير

میکروفون

ميكروفون

فلوت

ناي

ساکسیفون

ساكسوفون

ورودی
مدخل

ببر
نمر

قفس
قفص

گورخر
حمار الوحش

خوراک حیوانات
علف للحيوانات

خرس پاندا
دب باندا

حيوانات
....
حيوانات

فیل
....
فيل

کانگورو
....
كنغر

کرگدن
....
وحيد القرن

گوریل
....
غوريلا

خرس
....
دب

شير

أسد

شترمرغ

نعامة

شتر

جمل

طوطی

ببغاء

فلامینگو

طائر فلامينغو

میمون

قرد

کوسه

سمك القرش

پنگوئن

بطريق

خرس قطبی

دب قطبي

تمساح

تمساح

مار

أفعى

طاووس

طاووس

پلنگ امریکایی

نمر أمريكي مرقط

خوک آبی

عجل البحر

نگهبان باغ وحش

حارس في حديقة الحيوان

اسب آبی

....

فرس النهر

پلنگ

....

نمر

اسب کوچک

....

فرس قزم

گراز

....

خنزير برّي

عقاب

....

نسر

زرافه

....

زرافة

شیرماهی

....

حيوان فظ البحري

لاک پشت

....

سلحفاة

ماهی

....

سمك

غزال

....

غزال

روباه

....

ثعلب

ورزش ها
رياضة

فوتبال آمريكايى
كرة القدم الأمريكية
دوچرخه سوارى
ركوب الدراجات
تنيس
كرة التنس
بسكتبال
كرة السلة
شنا
السباحة
هاكى روى يخ
هوكي الجليد
بوكس
الملاكمة

دوميدانى

ألعاب القوى الخفيفة

بدمينتون

الريشة الطائرة

فوتبال

كرة القدم

پولو

بولو

اسكى

التزلج على الثلج

هندبال

كرة اليد

فعالیت ها

نشاطات

خندیدن
یضحك
پریدن
یقفز
بغل کردن
یعانق
راه رفتن
یمشي
آواز خواندن
یغنّي
رؤیا دیدن
یحلم
دعا کردن
یصلّي
بوسیدن
یقبل

نشان دادن

یُري

رسم کردن

یرسم

نوشتن

یکتب

برداشتن

یأخذ

دادن

یعطي

هل دادن

یدفع

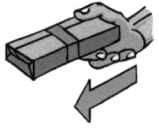

بودن

یوجد

انجام دادن

یعمل

داشتن

یملك

کشیدن

یسحب

دویدن

یرکض

ایستادن

یقف

دراز کشیدن

یستلقي

افتادن

یقع

پرتاب کردن

یرمي

نشستن

یجلس

حمل کردن

یحمل

منتظر بودن

ینتظر

بیدار شدن

یستیقظ

خوابیدن

ینام

لباس پوشیدن

یلبس

نوازش کردن
....
يمسّد

گریه کردن
....
يبكي

تماشا کردن
....
ينظر إلى ..

فهمیدن
....
يفهم

حرف زدن
....
يتكلم

شانه کردن
....
يمشّط

آشامیدن
....
يشرب

شنیدن
....
يسمع

پرسیدن
....
يسأل

عاشق بودن
....
يحب

مرتب کردن
....
يرتب

خوردن
....
يأكل

پرواز کردن
....
يطير

رانندگی کردن
....
يقود

پختن
....
يطبخ

قایقرانی کردن
....
يبحر بزورق شراعي

محاسبه کردن
....
يحسب

خواندن
....
يقرأ

یاد گرفتن
....
يتعلم

کار کردن
....
يعمل

ازدواج کردن
....
يتزوج

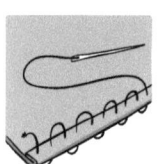

دوختن
....
يخيط

مسواک زدن
....
ينظف أسنانه

کشتن
....
يقتل

سیگار کشیدن
....
يدخّن

فرستادن
....
يرسل

خانواده
عائلة

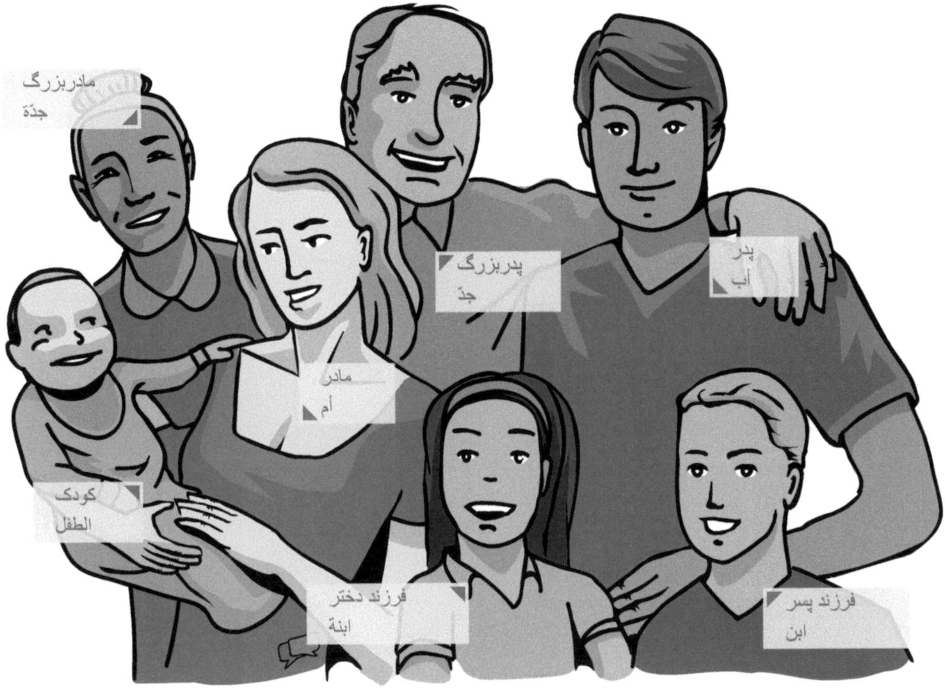

مادربزرگ
جدّة
پدربزرگ
جدّ
پدر
أب
مادر
أم
کودک
الطفل
فرزند دختر
ابنة
فرزند پسر
ابن

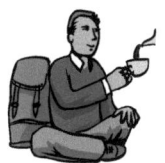

مهمان
....
ضيف

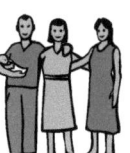

خاله، عمه
....
عمّة / خالة

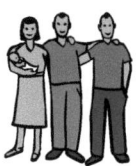

دایی، عمو
....
عمّ / خال

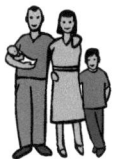

برادر
....
أخ

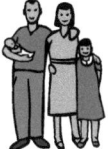

خواهر
....
أخت

بدن

الجسم

پیشانی
الجبین
چشم
العین
صورت
الوجه
چانه
الذقن
سینه
الصدر
انگشت دست
الإصبع
دست
الید
بازو
الذراع
شانه
الکتف
ساق پا
الساق

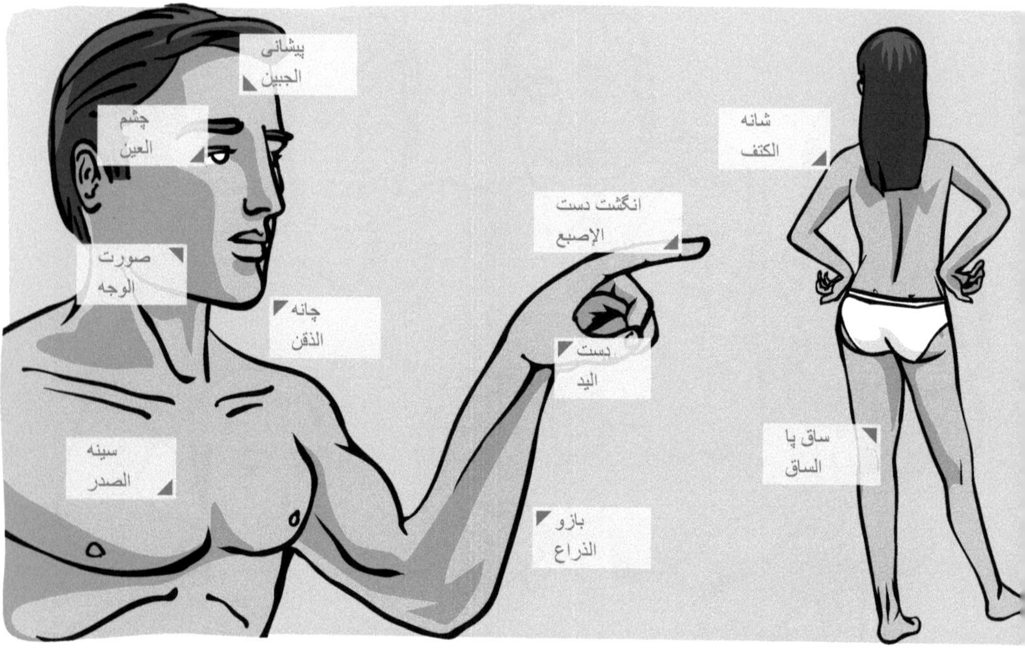

زن

المرأة

مرد

الرجل

کودک

الطفل

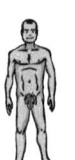

کله

الرأس

پسربچه

الولد

دختربچه

البنت

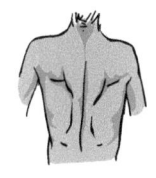

ناف

السرّة

شکم

البطن

کمر

الظهر

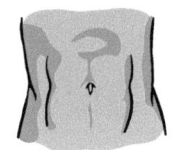

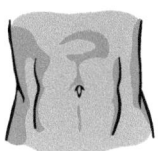

استخوان

العظم

پاشنه

الكعب

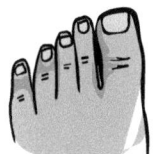

انگشت پا

إصبع القدم

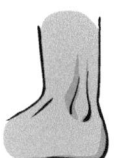

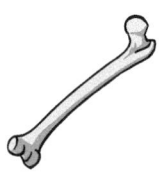

آرنج

المِرفق

زانو

الركبة

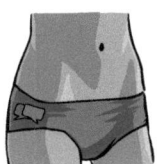

لگن

الورك

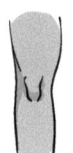

پوست

البشرة

نشیمنگاه

العَجُز

بینی

الأنف

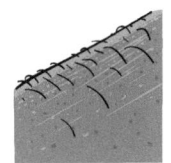

لب

الشفة

گوش

الأذن

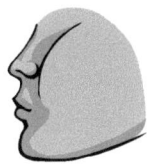

گونه

الخد

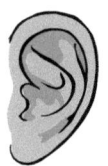

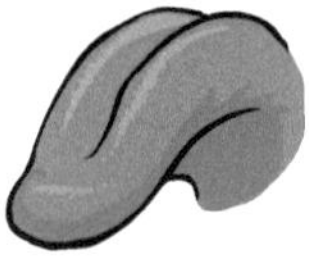

زبان
....
اللسان

دندان
....
السن

دهان
....
الفم

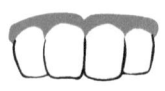

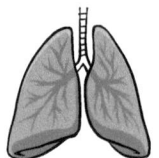

عضله
....
العضلة

قلب
....
القلب

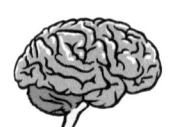

مغز
....
الدماغ

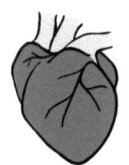

معده
....
المعدة

کبد
....
الكبد

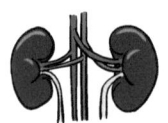

ریه
....
الرئة

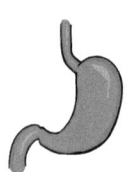

کاندوم
....
الواقي المطاطي

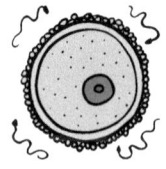

آمیزش جنسی
....
الاتصال الجنسي

کلیه
....
الكِلى

حاملگی
....
الحمل

اسپرم
....
المنيّ

تخمک
....
البويضة

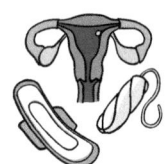

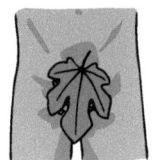

آلت تناسلی مرد

....

القضيب

واژن

....

المهبل

پریود

....

الحيض

گردن

....

الرقبة

مو

....

الشعر

ابرو

....

الحاجب

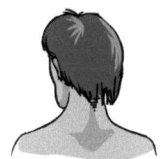

بيمارستان
المستشفى

آمبولانس
سيارة الإسعاف

صندلى چرخ دار
الكرسي المتحرك

شكستگى
كسر

دكتر
....
الطبيب

بخش اورژانس
....
غرفة الإسعاف

پرستار
....
الممرضة

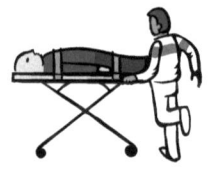

موقعيت اضطرارى
....
حالة

بى هوش
....
مغمى عليه

درد
....
الألم

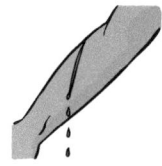

سکته قلبی
....
احتشاء القلب

خونریزی
....
النزيف

مصدومیت
....
إصابة

سرفه
....
السعال

آلرژی
....
حسسية

سکته مغزی
....
جلطة

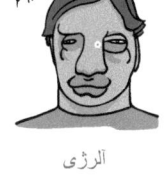

اسهال
....
الإسهال

آنفولانزا
....
إنفلونزا

تب
....
الحُمّى

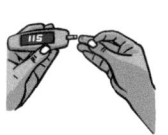

دیابت
....
مرض السكر

سرطان
....
السرطان

سردرد
....
وجع الرأس

عمل جراحی
....
عملية

چاقوی جراحی
....
مبضع

جراح
....
جرّاح

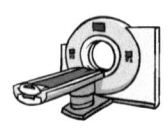

سونوگرافی

فوق الصوتي

پرتونگاری

الأشعة السينية

سی تی اسکن

سيتي سكان

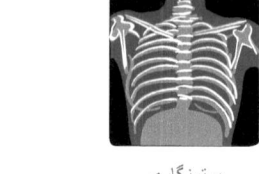

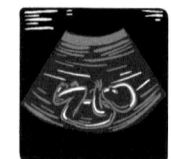

اتاق انتظار

غرفة الانتظار

بیماری

المرض

ماسک صورت

القناع

پانسمان

ضماد

چسب زخم

شريط لاصق

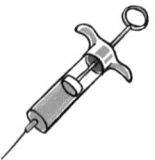

چوب زیر بغل

العُكاز

برانکار

نقالة

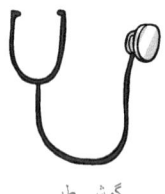

گوشی طبی

سمّاعة الطبيب

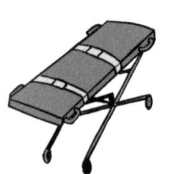

تزریق

حقنة

اضافه وزن

وزن زائد

زایش

ولادة

دماسنج

ميزان حرارة

عفونت

....

عدوی

ماده ضد غفونی کننده

....

المواد المعقمة

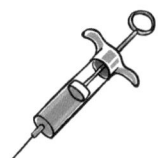

سمعک

....

جهاز السمع

دارو

....

الطب

اچ آی وی / ایدز

....

الإيدز

ویروس

....

فيروس

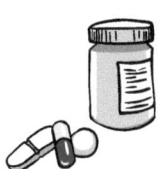

قرص ضد حاملگی

....

حبّة الدواء

قرص

....

أقراص الدواء

واکسیناسیون

....

اللقاح

مریض / سالم

....

مريض / صحيح

دستگاه اندازه گیری فشارخون

....

مقياس ضغط الدم

تماس اظطراری

....

نداء النجدة

موقعیت اضطراری

حالة

حمله

اعتداء

آژیر خطر

إنذار

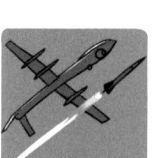

کمک!

النجدة!

خروج اظطراری

مخرج طوارئ

خطر

خطر

حمله ی فیزیکی

هجوم

تصادف

حادث

کپسول آتش‌نشانی

جهاز الإطفاء

آتش

حريق!

پلیس

الشرطة

درخواست کمک

أنقذونا

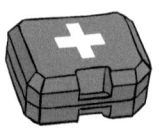

جعبه کمک های اولیه

حقيبة الإسعاف الأولي

كره زمين

أرض

آمریکای جنوبی
....
أمريكا الجنوبية

آمریکای شمالی
....
أمريكا الشمالية

اروپا
....
أوروبا

استراليا
....
أستراليا

آسیا
....
آسيا

آفريقا
....
أفريقيا

اقیانوس هند
....
المحيط الهندي

اقیانوس آرام
....
المحيط الهادي

اقیا نوس اطلس
....
المحيط الأطلسي

قطب شمال
....
القطب الشمالي

اقیانوس منجمد شمالی
....
المحيط المتجمد الشمالي

اقیا نوس اطلس جنوبی
....
المحيط المتجمد الجنوبي

کره زمین

أرض

قاره قطب جنوب

منطقة القطب الجنوبي

قطب جنوب

القطب الجنوبي

جزیره

جزيرة

دریا

بحر

سرزمین

بر

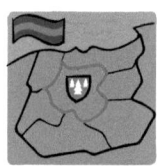

کشور

دولة

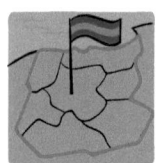

ملت

أمة

ساعت

ساعة

دقیقه شمار

عقرب الدقائق

ساعت شمار

عقرب الساعات

صفحه ی ساعت

ميناء الساعة

روز

يوم

ساعت چند است؟

كم الساعة الآن؟

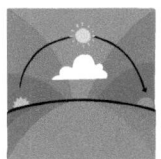

ثانیه شمار

عقرب الثواني

ساعت دیجیتال

ساعة رقمية

اکنون

الآن

زمان

زمن

ساعت

ساعة

دقیقه

دقيقة

ساعة - ساعت 79

هفته

أسبوع

دوشنبه
الإثنين
سه شنبه
الثلاثاء
چهارشنبه
الأربعاء
پنج شنبه
الخميس
جمعه
الجمعة
شنبه
السبت
یک شنبه
الأحد

دیروز
الأمس

امروز
اليوم

فردا
غداً

صبح
الصباح

ظهر
الظهر

غروب
المساء

روزهای کاری
أيام العمل

آخر هفته
نهاية الأسبوع

سال

سنة

باران
مطر
رنگین کمان
قوس قزح
باد
ریح
برف
ثلج
بهار
الربیع
تابستان
الصیف
پاییز
الخریف
زمستان
الشتاء

4.APRIL 11°
5.APRIL 4°
6.APRIL 13°
7.APRIL 8°
8.APRIL 10°

پیش‌بینی اوضاع جوی

....

التنبؤ بالحالة الجویة

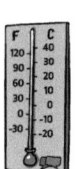

0
10
0
-10

دماسنج

....

مقیاس حرارة

تابش آفتاب

....

ضوء الشمس

ابر

....

سحابة

مِه

....

ضباب

رطوبت هوا

....

رطوبة الجو

صاعقه
....
برق

آسمان غره
....
رعد

طوفان
....
عاصفة

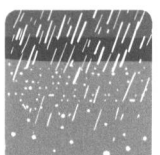

تَگرگ
....
بَرَد

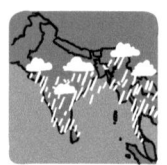

باد موسمى
....
ريح موسمية

سيل
....
طوفان

يخ
....
جليد

ژانويه
....
كانون الثاني / يناير

فوريه
....
شباط / فبراير

مارس
....
آذار / مارس

أوريل
....
نيسان / أبريل

مه
....
أيار / مايو

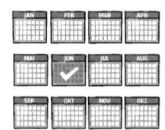

ژوئن
....
حزيران / يونيو

ژوئيه
....
تموز / يوليو

اگوست
....
آب / أغسطس

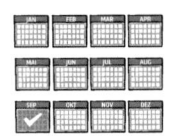

سپتامبر
....
أيلول / سبتمبر

اكتبر
....
تشرين الأول / أكتوبر

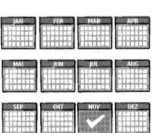

نوامبر
....
تشرين الثاني / نوفمبر

دسامبر
....
كانون الأول / ديسمبر

أشكال

دايره
....
دائرة

مربع
....
مربّع

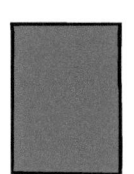

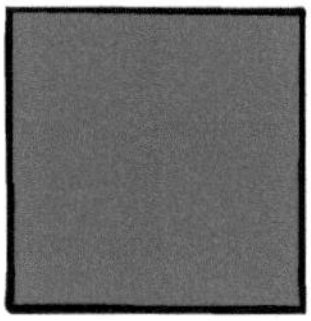

مستطيل
....
مستطيل

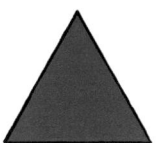

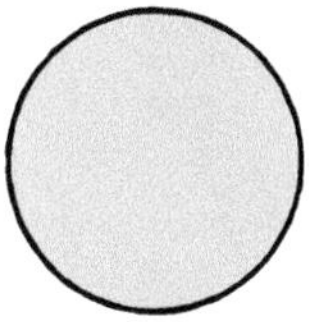

سه گوش
....
مثلث

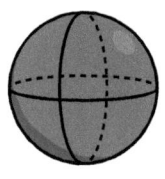

گره
....
كرة

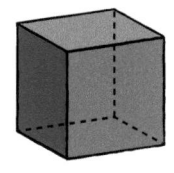

مكعب مربع
....
مكعب

رنگ ها

ألوان

نارنجی

برتقالي

زرد

أصفر

سفید

أبيض

بنفش

بنفسجي

قرمز

أحمر

صورتی

وردي

قهوه ای

بني

سبز

أخضر

آبی

أزرق

سیاه

أسود

خاکستری

رمادي

متضاد ها

الأضداد

زیبا / زشت

جميل / قبيح

خشمگین/ آرام

غضبان / هادئ

خیلی / کم

كثير / قليل

روشن / تیره

فاتح / قاتم

بزرگ / کوچک

كبير / صغير

شروع / پایان

بداية / نهاية

کامل / ناقص

كامل / ناقص

تمیز / آلوده

نظيف / وسخ

برادر / خواهر

أخ / أخت

پهن / باریک

عريض / ضيّق

مرده / زنده

ميت / حيّ

روز / شب

نهار / ليل

هیجان زده / بی حوصله

مثیر / ممل

غضبناک / مهربان

شرّیر / لطیف

قابل خوردن / غیر قابل خوردن

صالح للأكل / غير صالح

دوست / دشمن

صديق / عدو

اولین / آخرین

أولاً / أخيراً

چاق / لاغر

سمين / نحيف

سنگین / سبک

ثقيل / خفيف

سفت / نرم

صلب / ليّن

پر / خالی

مليء / فارغ

غیرقانونی / قانونی

غير شرعي / شرعي

مریض / سالم

مريض / صحيح

گرسنگی / تشنگی

جوع / عطش

نزدیک / دور

قريب / بعيد

چپ / راست

يسار / يمين

باهوش / خنگ

ذكي / غبي

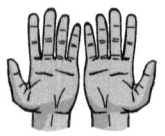

پیر / جوان
....
مسِن / شاب

هیچ چیز / چیزی
....
لا شيء / بعض الشيء

نو / استفاده شده
....
جديد / مستعمل

آهسته / بلند
....
خافت / عالٍ

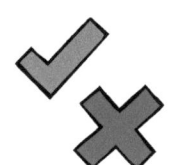

باز / بسته
....
مفتوح / مغلق

روشن / خاموش
....
يشعل / يطفئ

زبر / صاف
....
أحرش / املس

درست / غلط
....
صح / خطأ

ثروتمند / فقیر
....
غني / فقير

کند / تند
....
بطيء / سريع

کوتاه / بلند
....
قصير / طويل

غمگین / خوشحال
....
حزين / سعيد

جنگ / صلح
....
حرب / سلم

گرم / خنک
....
ساخن / بارد

تر / خشک
....
مبلول / جاف

اعداد
أرقام

0
صفر
صفر

1
یک
واحد

2
دو
اثنان

3
سه
ثلاثة

4
چهار
أربعة

5
پنج
خمسة

6
شش
ستة

7
هفت
سبعة

8
هشت
ثمانية

9
نه
تسعة

10
دَه
عشرة

11
یازده
أحد عشر

12

دوازده
....
اثنا عشر

13

سیزده
....
ثلاثة عشر

14

چهارده
....
أربعة عشر

15

پانزده
....
خمسة عشر

16

شانزده
....
ستة عشر

17

هفده
....
سبعة عشر

18

هجده
....
ثمانية عشر

19

نوزده
....
تسعة عشر

20

بیست
....
عشرون

100

صد
....
مائة

1.000

هزار
....
ألف

1.000.000

میلیون
....
مليون

زبان ها

اللغات

چینی ماندارین
....
لغة ماندارين الصينية

انگلیسی آمریکایی
....
الإنكليزية الأمريكية

انگلیسی
....
الإنكليزية

فرانسوی
....
الفرنسية

اسپانیایی
....
الإسبانية

هندی
....
الهندية

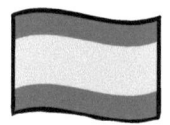

پرتغالی
....
البرتغالية

روسی
....
الروسية

عربی
....
العربية

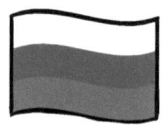

ژاپنی
....
اليابانية

آلمانی
....
الألمانية

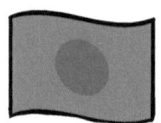

بنگالی
....
البنغالية

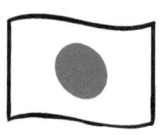

چه کسی / چه چیزی / چگونه

من / ماذا / كيف

او

هو / هي

تو

أنت

من

أنا

آنها

هم

شما

أنتم

ما

نحن

چگونه؟

كيف؟

چی؟

ماذا؟

چه کسی؟ کی؟

من؟

نام

اسم

کِی؟

متى؟

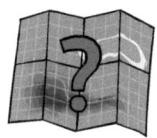

کجا؟

أين؟

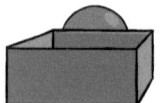

كجا
أين

جلو

أمام

توی

في

پشت

خلف

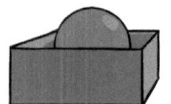

زیر

تحت

روی

على

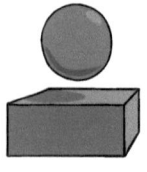

بالای

فوق

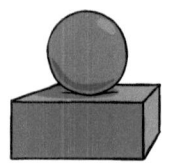

مكان

مكان

بين

بين

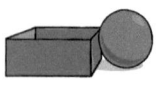

مجاور

جنب

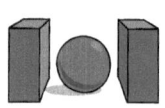